AF581351

HISTOIRE

DE LA

RÉVOLUTION DÉMOCRATIQUE

ET

SOCIALE

Depuis 1789 jusqu'à nos jours

ILLUSTRÉE DE MAGNIFIQUES GRAVURES SUR ACIER

DÉDIÉE AUX ROUGES DE TOUTES LES NUANCES.

Le SOCIALISME est le progrès indéfini
de la justice et du bien-être social.

PARIS.

A LA LIBRAIRIE ILLUSTRÉE,

PASSAGE DES PETITES-ÉCURIES, 20,

Donnant sur les rues d'Enghien, des Petites-Écuries et le Faubourg Saint-Denis.

1849.

HISTOIRE
DE LA RÉVOLUTION FRANÇAISE
DÉMOCRATIQUE
ET
SOCIALE.

Le Socialisme est le progrès indéfini de la justice et du bien-être social.

CHAPITRE PREMIER

Sommaire. — Causes générales de la révolution française. — Causes immédiates. — Règne de Louis XVI. — Convocation des États-Généraux. — Scission entre les trois ordres. — Les députés du tiers-état se forment en assemblée nationale. — Séance royale du 23 juin. — Insurrection du 14 juillet et prise de la Bastille. — Nuit du 4 août. — Événements des 5 et 6 octobre.

La révolution française, qui a si profondément remué le monde, et dont les conséquences futures sont incalculables, n'est pas un de ces événements vulgaires qui surgissent tout à coup dans la vie des peuples sans que l'on puisse en déterminer les causes prochaines et éloignées. Le grand mouvement social commencé en 1789, perpétué jusqu'à nos jours, et qu'il ne sera peut-être pas donné à la génération présente de voir finir, fut amené irrésistiblement par la lente progression des idées, et par une succession d'événements antérieurs dont il n'a été en quelque sorte que la déduction logique et inflexible.

Après une lutte mémorable et terrible de plusieurs siècles, la féodalité, démantelée de toutes parts par le bélier monarchique, avait abaissé sa fierté devant le pouvoir royal. Les seigneurs, autrefois si remuants, si indisciplinés, étaient devenus les serviles adorateurs de la royauté triomphante, et s'étaient attelés humblement à son char. Affranchie désormais de toute contrainte, de toute opposition sérieuse, la royauté savourait, dans une sécurité profonde, les douceurs de la toute-puissance, et n'était occupée qu'à dépenser le plus splendidement possible l'argent qu'elle extorquait au peuple.

La nation française se divisait en exploiteurs et en exploités, ou, pour mieux dire, ces derniers, qui se composaient du tiers-état et de la multitude, formaient à eux seuls toute la nation, et les premiers n'étaient qu'une imperceptible minorité. Les nobles et les prêtres se trouvaient en possession de tous les priviléges, de toutes les prérogatives : à eux les honneurs, les emplois, les dignités; à la bourgeoisie et au peuple le fardeau des impôts et la plus humiliante servitude.

Une telle anomalie sociale ne pouvait longtemps durer, surtout après les puissants efforts que l'esprit humain avait faits pour briser ses entraves. Un des premiers résultats de la renaissance des lumières fut la formation du tiers-état, qui, humble et chétif à son début, s'accrut progressivement de siècle en siècle, et grandit en intelligence, en illustration, en richesse. À mesure que le tiers-état acquit une plus grande importance par son génie, par son activité, par ses travaux, la prédominance de la noblesse et du clergé alla en s'affaiblissant, et la souveraineté tendit invinciblement à se déplacer, à changer de mains, à descendre des classes supérieures aux classes moyennes, qui la convoitaient ardemment.

Les choses en étaient à ce point lorsqu'apparut, comme un astre étincelant au milieu d'une profonde nuit, la philosophie du XVIIIe siècle, fille de la réformation religieuse. Un immense travail d'idées s'opéra alors, non seulement en France, mais dans toute l'Europe. Les esprits fermentèrent prodigieusement. La méthode du libre examen, dont Luther s'était servi d'une façon si victorieuse pour ébranler l'église romaine jusque dans ses fondements, fut l'arme redoutable au moyen de laquelle la philosophie sapa l'édifice vermoulu des vieilles croyances et des vieux préjugés. Tout fut mis en question, tout fut discuté et approfondi : aucun abus, aucune erreur ne trouva grâce devant les sévères investigations du rationalisme. Une révolution alors devint inévitable, imminente; non pas une de ces révolutions comme l'histoire de nos quatorze siècles de monarchie nous en offre de nombreux exemples, révolutions superficielles qui ne firent que remplacer une forme par une autre forme, et substituer des abus nouveaux aux anciens abus, mais une révolution profonde, radicale, égalitaire, qui devait descendre jusque dans les entrailles de la société pour en accomplir la régénération.

Une chose digne de remarque, c'est que les deux écrivains du XVIIIe siècle qui contribuèrent le plus efficacement à renverser l'ancien régime, annoncèrent cette révolution bien longtemps avant qu'elle n'éclatât. Voltaire, dans une lettre datée du 2 avril 1764, s'exprime ainsi : « Tout ce que je vois jette les semences d'une révolution qui arri- « vera immanquablement, et dont je n'aurai pas le plaisir d'être té- » moin. Les Français arrivent trop tard à tout, mais enfin ils arrivent. » La lumière s'est tellement répandue de proche en proche, qu'on » éclatera à la première occasion; et alors ce sera un beau tapage. » Les jeunes gens sont bien heureux; ils verront bien des choses. » Quatre années auparavant J.-J. Rousseau avait dit : « Nous appro- » chons de l'état de crise et du siècle des révolutions. Je tiens pour » impossible que les grandes monarchies de l'Europe aient long- » temps encore à durer; toutes ont brillé, et tout état qui brille est » sur son déclin. J'ai, de mon opinion, des raisons plus particulières » que cette maxime, mais il n'est pas à propos de les dire, et chacun » ne les voit que trop. »

Si l'on doit assigner pour causes générales à la révolution française, non-seulement les progrès de l'esprit humain, mais cette fièvre de liberté qui bouillonnait dans toutes les têtes, et, par dessus tout, cette tendance invincible de la classe moyenne à s'emparer de la toute-puissance, il faut chercher les causes immédiates de ce grand évènement dans les embarras financiers auxquels avaient donné naissance les règnes déprédateurs de Louis XIV et de Louis XV, embarras financiers qui ne firent que s'accroître d'une manière effrayante sous Louis XVI, au point de rendre la marche du gouvernement tout à fait impossible.

A l'époque où Louis XVI parvint au trône, le provisoire était dans toutes les branches de l'administration, la machine gouvernementale ne fonctionnait plus qu'avec les plus grandes difficultés; le trésor public était au pillage. Un déficit énorme, qui s'augmentait encore d'année en année, avait creusé sous les pas de la monarchie un abîme qui devait tôt ou tard l'engloutir. Louis XVI n'avait pas la tête assez bien organisée, la main assez puissante, pour arrêter ce grand colosse sur le penchant de sa ruine. Arrivant au timon de l'État au moment où l'explosion révolutionnaire allait avoir lieu, il était désigné d'avance comme la victime expiatoire de quatorze cents ans de crimes et d'oppression. Ce prince n'avait pas un naturel méchant; peut-être même était-il plus porté au bien qu'au mal; mais son caractère avait de bonne heure été perverti par les maximes empoisonnées du despotisme. On avait moins songé à en faire un homme qu'un roi absolu dont les caprices devaient être des lois. La nature ne lui avait pas donné une volonté énergique, une conception prompte; il était faible et irrésolu; ce qui passait chez lui pour de la bonté et de la vertu, n'était que l'absence des défauts contraires.

Au commencement de son règne, il choisit pour premier ministre le comte de Maurepas, vieux courtisan sans capacité, qui avait été disgracié sous Louis XV pour quelques mauvais vers contre la Pompadour. Ce choix était déplorable. Il aurait fallu à la tête du gouvernement un financier habile : Louis XVI y plaça un bel esprit dénué de toute sagesse et de toute fermeté. Le comte de Maurepas s'adjoignit, il est vrai, plusieurs hommes recommandables, Turgot, Malesherbes, Necker, pour administrer en sous-ordre; mais il ne leur laissa jamais prendre la haute main dans les affaires. Ces ministres, plus clairvoyants que Maurepas, que la cour et que les classes privilégiées, jugeant que le provisoire touchait à son terme et qu'une catastrophe était prochaine, auraient voulu la prévenir, ou tout au moins la reculer, au moyen de réformes habilement combinées. Le premier ministre, entêté et vain comme tout esprit médiocre, recevait leurs conseils avec un dédain superbe, et s'opposait à toute amélioration qui aurait porté la moindre atteinte aux priviléges des hautes classes.

Cependant Turgot signala son passage au pouvoir par plusieurs mesures éminemment utiles que Maurepas fut contraint de tolérer. Tous les actes de ce grand homme avaient pour but unique le bonheur et l'affranchissement du peuple. C'est par lui que furent abolies les taxes sur les blés, ainsi que toutes les entraves qui gênaient la liberté indéfinie du commerce des grains; c'est grâce à son active sollicitude que le déficit fut diminué et que de nombreux remboursements s'opérèrent. Mais la mesure capitale de son ministère fut la suppression des jurandes et des communautés, qui réduisaient les travailleurs à une condition pire que celle des esclaves, et dont l'abolition fut un véritable bienfait pour les classes populaires. L'édit qui ordonnait cette suppression est du mois de février 1776. Les lignes suivantes se trouvaient textuellement dans le préambule : « Nous voulons abroger ces
» institutions arbitraires, qui ne permettent pas à l'indigent de vivre
» de son travail; qui repoussent un sexe à qui sa faiblesse a donné
» plus de besoins et moins de ressources, et semblent, en le condam-
» nant à une misère inévitable, seconder la séduction et la débauche,

» qui éloignent l'émulation et l'industrie, et rendent inutiles les ta-
» lents de ceux que les circonstances excluent de l'entrée d'une com-
» munauté; qui privent l'État et les arts de toutes les lumières que les
» étrangers y apporteraient; qui retardent les progrès des arts par
» les difficultés multipliées que rencontrent les inventeurs, auxquels
» différentes communautés disputent le droit d'exécuter des décou-
» vertes qu'elles n'ont point faites; qui, par les frais immenses que
» les artisans sont obligés de payer pour acquérir la faculté de tra-
» vailler, par les exactions de toute espèce qu'ils essuient, par les sai-
» sies multipliées pour les prétendues contraventions, par les dé-
» penses et les dissipations de tout genre, par les procès intermi-
» nables qu'occasionnent entre toutes ces communautés leurs pré-
» tentions respectives sur l'étendue de leurs priviléges exclusifs, sur-
» chargent l'industrie d'un impôt énorme, onéreux aux sujets et
» sans aucun fruit pour l'État; qui enfin, par la facilité qu'elles don-
» nent aux membres des communautés de se liguer entre eux, *de forcer*
» *le pauvre à subir la loi du riche*, deviennent un instrument de mono-
» pole, etc. »

Six mois après la publication de ce célèbre édit, Turgot tomba en disgrâce. Louis XVI, qui avait dit hypocritement qu'il n'y avait que Turgot et lui qui aimassent le peuple, sacrifia sans difficulté son immortel ministre aux ressentiments implacables des classes privilégiées. En 1777, Necker devint directeur-général des finances. Le système de ce nouveau ministre consistait à faire face à la pénurie du Trésor par la voie des emprunts; et, comme la publicité de l'administration était indispensable au succès d'un pareil système, Necker se crut obligé de publier un compte rendu de sa gestion administrative. Bien qu'il s'en fallût de beaucoup que ce ministre professât un zèle aussi désintéressé que Turgot pour le bien public, l'aristocratie se déchaîna contre lui avec la même fureur que contre son illustre devancier, et il fut contraint de se retirer des affaires.

Peu de temps après, Maurepas mourut. Louis XVI alors, incapable de se gouverner lui-même, se mit sous la tutelle de sa jeune femme, Marie-Antoinette, qui exerça sur lui un empire absolu. Cette fille des Césars accéléra la ruine de son trop faible époux en favorisant de tout son pouvoir la réaction des classes privilégiées contre les réformes. Ce fut dans le but de détruire le peu de choses utiles qui avaient été faites depuis l'avènement de Louis XVI au trône, que la reine fit entrer Calonne au ministère. Calonne avait une mission difficile à remplir, celle de procurer de l'argent à la cour, à laquelle il en fallait à tout prix. Il s'acquitta de cette tâche avec un succès qui dépassa d'abord toutes les espérances; des largesses immenses furent faites aux courtisans émerveillés, qui virent renaître pour un moment l'âge d'or de la monarchie. Par une combinaison étrange, c'est au moyen des plus folles prodigalités que Calonne essaya de rétablir le crédit; il espérait, en répandant l'or à pleines mains, donner une haute idée de ses ressources, et faciliter ainsi les nombreux emprunts qu'il était obligé de contracter incessamment pour faire face à toutes les dépenses. Expédient ruineux qui devait avoir les plus désastreux résultats! Calonne, après avoir emprunté huit cent millions en moins de quatre ans, se trouva dans l'impossibilité de faire un pas de plus. Il assembla les notables et leur demanda des subsides. Les notables, révoltés à juste titre des dépenses insensées de Calonne, ne voulurent point accorder d'argent, et se séparèrent, effrayés de l'état des finances. Il résultait des comptes que le gouvernement avait mis sous leurs yeux que, depuis dix ans, les emprunts s'étaient élevés à la somme incroyable d'un milliard six cent quarante millions, et qu'il existait un déficit annuel de cent quarante millions.

La chute de Calonne suivit de près la révélation d'une pareille situation financière, qui était due en partie à ses scandaleuses profusions. Brienne, archevêque de Toulouse, le remplaça dans le poste difficile de premier ministre, et fut aussi inhabile que lui à réparer le désordre des finances. Calonne s'était concilié la faveur de la cour en la gorgeant d'or; Brienne la souleva contre lui par ses économies. Calonne avait eu recours aux emprunts; son successeur suivit une autre marche, et essaya de pourvoir aux dépenses publiques en établissant de nouveaux impôts. Le parlement de Paris refusa de les enregistrer; il fut exilé à Troyes. Rappelé au bout de quelque temps, une guerre systématique s'engagea entre ce premier corps judiciaire du royaume et le ministère. Brienne y mit fin en exilant une seconde fois le parlement, et en le dépouillant de ses attributions politiques pour ne lui laisser que ses seules fonctions judiciaires, qui, elles-mêmes, furent considérablement réduites en faveur des bailliages, dont on étendit le ressort.

Ce coup d'état fut très mal accueilli par l'opinion publique. De toutes parts s'élevèrent des protestations énergiques contre la tyrannie ministérielle. La convocation des notables avait eu pour objet d'éviter les remontrances et l'insubordination des parlements, dont l'enregistrement était nécessaire à l'établissement de nouveaux impôts; elle avait eu encore un autre motif beaucoup plus grave, celui d'éviter la convocation des États-Généraux, qui épouvantaient la cour. Mais la cour, par suite de l'hostilité du parlement et du refus des notables d'accorder des subsides, se trouva acculée à cette nécessité terrible; les États-Généraux, dernière ressource de la monarchie, furent convoqués pour le 1er mai 1789.

Brienne fut renvoyé et Necker rappelé; on détruisit les bailliages, ainsi que la cour plénière, et les parlements furent rétablis dans toutes leurs attributions et prérogatives.

La royauté, de fautes en fautes et de crimes en crimes, était donc arrivée à son heure suprême. Le glas de la mort allait sonner pour elle.

Avant de poursuivre ce récit, nous dirons quelques mots des États-Généraux, qui ont joué un si grand rôle dans notre histoire.

Sous les deux premières races et sous les premiers rois de la troisième, les États-Généraux étaient appelés plaids royaux, et ne se composaient que de la noblesse et du clergé. Les plaids royaux prirent le nom d'États-Généraux sous Philippe-le-Bel, qui introduisit dans leur sein un troisième ordre, celui du tiers-état ou de la bourgeoisie. Les députés de ce troisième ordre n'avaient pas le droit de parler ni de délibérer; ils donnaient leur avis sous la forme d'une requête qu'ils présentaient à genoux. C'est à cet état de profonde abjection qu'était réduite la portion la plus utile et la plus respectable de la nation, celle qui nourrissait du produit de ses sueurs les classes oisives et privilégiées. Selon les *establissements* de saint Louis, les plaids royaux devaient se réunir tous les ans. Dans la suite, et surtout après l'adjonction du tiers-état aux deux autres ordres, leurs réunions ne furent plus annuelles. La royauté les convoquait rarement, et seulement dans des circonstances extraordinaires, soit pour avoir leur assentiment sur des mesures qui intéressaient le salut de la monarchie, soit pour en obtenir de l'argent. Les derniers États-Généraux avaient été ceux de 1614, pendant la minorité de Louis XIII. Il y avait donc cent soixante-quinze ans qu'ils ne s'étaient réunis, lorsqu'ils furent convoqués en 1789.

Après un si long intervalle de temps, c'était presque une innovation que la convocation des États-Généraux, du moins aux yeux du tiers-état, qui fondait sur elle les plus grandes espérances. Les hautes classes, au contraire, ne voulaient voir dans la convocation des États-Généraux que le rétablissement d'une coutume ancienne, qu'un retour à ce qu'il leur plaisait d'appeler la constitution primitive de la monarchie française. Suivant les nobles et les prêtres, il s'agissait bien moins de modifier, de changer cette prétendue constitution, que de la faire revivre dans toute sa pureté. Les cahiers de la noblesse étaient à peu près unanimes à cet égard. Ceux du clergé s'expliquaient moins catégoriquement; la plupart se bornaient à demander qu'il fût solennellement reconnu que le gouvernement français était monarchique; que la personne du roi était inviolable et sacrée; que la nation était composée de trois ordres égaux; et que le pouvoir législatif appartenait aux États-Généraux. D'autres cahiers, mais en petit nombre, émettaient le vœu formel qu'avant toute chose il fût promulgué une loi générale et fondamentale, qui énonçât en termes positifs les principaux droits du citoyen et de la nation. En général, les cahiers de la noblesse étaient plus hostiles à la liberté et à l'égalité que ceux du clergé, bien que ce dernier ordre insistât non moins fortement que le premier pour la conservation de ses prérogatives. Du reste, à bien examiner les uns et les autres, ils étaient tous l'expression d'un sentiment de caste très prononcé.

Il n'en était pas de même des cahiers du tiers-état, qui résumaient à peu près complètement les besoins et les vœux de la nation. Nous disons à peu près, car ces cahiers avaient été rédigés par la bourgeoisie ou classe moyenne, qui avait dû nécessairement placer son intérêt au-dessus de l'intérêt du peuple proprement dit. Il est vrai qu'avant son avénement à la souveraine puissance, la classe moyenne faisait cause commune avec le peuple. Mais cette apparente communauté d'intérêts entre le peuple et la classe moyenne n'empêchait pas cette dernière de songer à se créer une position exceptionnelle, et à remplacer les hautes classes dans le maniement des affaires. Il suffit pour s'en convaincre de jeter un coup d'œil sur les cahiers du tiers-état.

Ces cahiers demandaient unanimement que les députés aux Etats-Généraux, au lieu de se considérer comme porteurs de pouvoirs particuliers, se regardassent comme les représentants de la nation entière, ce qui était fondé en raison et en droit. Ils demandaient aussi que les délibérations eussent lieu par tête et non par ordre, ce qui était également de la plus stricte justice. Mais la presque totalité des cahiers s'accordaient à réclamer une liberté d'industrie pleine et entière; or, le motif de cette réclamation est facile à deviner. Ceux qui avaient rédigé les cahiers étaient pour la plupart des chefs d'industrie, des capitalistes qui sentaient que la libre concurrence ne pouvait être que favorable aux possesseurs de capitaux, et extrêmement funeste aux travailleurs. En effet, n'est-ce pas l'inique régime du *laisser faire* qui a produit l'anarchie industrielle dont nous avons sous les yeux les

25 CENTIMES LA LIVRAISON.

Il paraît quatre livraisons par semaine.

L'ouvrage sera illustré de très jolies gravures sur acier, et formera trois forts volumes en quatre-vingt-seize livraisons.

Paris. — Typ. Boisseau et Cᵉ, passage du Caire, 123-124.

www.ingramcontent.com/pod-product-compliance
Lightning Source LLC
LaVergne TN
LVHW050518160826
845677LV00003B/1201